Docteur GRASSET

Professeur à la Faculté de Médecine
de l'Université de Montpellier.

L'ÉVANGILE

et la

SOCIOLOGIE

BLOUD & Cie

S. et R. 563

L'ÉVANGILE ET LA SOCIOLOGIE

PAR

Le docteur GRASSET
Professeur à la Faculté de médecine de l'Université de Montpellier.

PARIS

LIBRAIRIE BLOUD ET Cᵉ

7, PLACE SAINT-SULPICE, 7

1 ET 3, RUE FÉROU — 6, RUE DU CANIVET

1910

Reproduction et traduction interdites.

DU MÊME AUTEUR

Morale scientifique et morale évangélique devant la sociologie. — Bloud, 1909.

Les limites de la biologie. — 6ᵉ édition, avec une préface de Paul Bourget. — Alcan, 1909.

Introduction physiologique à l'étude de la philosophie. — Avec une préface de M. Benoist. — Alcan, 1908.

Le psychisme inférieur. — Marcel Rivière, 1906.

L'occultisme hier et aujourd'hui. Le merveilleux prescientifique. — 2ᵉ édition, avec une préface d'Emile Faguet. — Coulet, 1908.

Demi-fous et demi-responsables. — 2ᵉ édition, Alcan, 1908.

Sous ce titre : *l'Evangile et la Sociologie*, je réunis
deux conférences faites : l'une à la *Semaine Sociale* de
Bordeaux sur *l'Hygiène et la science biologique en
sociologie* ; l'autre au *Congrès de l'Union des Œuvres
ouvrières catholiques* à Nîmes, sur *l'Union et l'action
sociales sur le terrain de l'Evangile*.

Dans ces conférences, comme dans la précédente sur
*la Morale scientifique et la morale de l'Evangile devant
la Sociologie*, on trouvera développée la même doctrine :
*Nécessité de baser la sociologie sur la morale de
l'Evangile*.

J. G.

Montpellier, 1ᵉʳ novembre 1909.

I

L'HYGIÈNE ET LA SCIENCE BIOLOGIQUE EN SOCIOLOGIE

Conférence faite à la *Semaine Sociale* de Bordeaux, le 26 juillet 1909, sous la présidence du professeur Arnozan.

L'HYGIÈNE ET LA SCIENCE BIOLOGIQUE
EN
SOCIOLOGIE

1. — Thèse à développer.

Messieurs,

Pour que vous ayez le moins possible de désillusion,
je me permets de vous indiquer immédiatement l'idée
que je veux développer devant vous et qui n'est peut-
être pas celle que vous faisait prévoir le titre de cette
conférence.

Quand un homme, qui a consacré toute sa vie à
l'étude particulière d'une science, a le très grand honneur d'être autorisé à parler devant une assemblée
comme celle-ci, sous la présidence d'un savant éminent
dont est justement fière l'Université de Bordeaux, on
doit s'attendre à voir le conférencier exalter et développer l'importance et l'utilité de cette science et on ne
redoute qu'une chose, c'est qu'il en exagère le rôle et
la valeur.

Quand en particulier l'assemblée est, comme la vôtre,
de celles qui agitent et approfondissent, avec le plus de
succès et le plus de compétence, tous les graves et
difficiles problèmes de la sociologie et quand le conférencier est un médecin, c'est-à-dire un biologiste et un
hygiéniste, on prévoit que la conférence n'aura d'autre

but que de démontrer le rôle immense de la médecine, de ses lois et de ses applications, dans la sociologie ; — et chacun, suivant son opinion personnelle, *espère* ou *redoute* le voir démontrer une conclusion comme celle-ci : hors de la médecine, de la biologie et de l'hygiène, hors de la science en général, il n'y a pas de sociologie ; la sociologie sera exclusivement scientifique ou elle ne sera pas ; la vie et le bonheur d'un peuple dépendent de la manière dont il obéit aux conseils des savants et aux prescriptions des médecins ; une saine sociologie ne peut être basée que sur les lois de la biologie générale.

Je crois plus loyal de le dire immédiatement : ceux qui s'attendent à un essai de démonstration de cette proposition seront absolument déçus.

Loin d'exagérer devant vous l'importance du rôle de l'hygiène, de la médecine, de la biologie, de la science en général, dans l'édification d'une saine sociologie, j'essaierai au contraire de vous démontrer les *limites* de ce rôle, l'*insuffisance* de la biologie et de la science en général pour baser et permettre de construire la sociologie.

Pour résoudre la question sociale et pour acheminer la société vers l'organisation la mieux comprise pour le bonheur de tous, je crois qu'il ne suffit pas d'enseigner la médecine, de répandre et d'appliquer les lois de l'hygiène ; il ne suffit pas que tous possèdent et appliquent les prescriptions des médecins.

Dans la cité, exclusivement dirigée par l'intelligence et la science, il n'y aurait que batailles, guerres, oppression des malingres, des souffreteux par les sur-hommes athlétiques, qui préserveraient leur belle et utile santé en tyrannisant et en sacrifiant le plus rapidement possible tous les obstacles à l'épanouissement de leur pleine vie.

Je voudrais donc combattre de mon mieux l'exagération du rôle de l'hygiène, de la médecine et de la science dans l'organisation d'une société idéale, comme celle que vous rêvez et pour la réalisation de laquelle vous déployez, tous, tant de talent, de travail et de féconde activité.

2. — Ma thèse ne diminue pas la valeur de la science ; au contraire.

Remarquez qu'en soutenant cette thèse je ne me montre pas injuste et ingrat pour cette science, dans laquelle et de laquelle j'ai vécu toute ma vie.

Je crois au contraire défendre vraiment la cause de la science elle-même en rappelant ainsi ses limites, bien mieux que ceux qui promettent en son nom des merveilles qu'ils savent hors de sa compétence et de sa portée.

Vous vous rappelez que, quand les Gracques essayèrent ce qui est resté la plus belle tentative de socialisme légal et pratique avant la prédication de l'Evangile, leurs adversaires ne purent les vaincre qu'en suscitant un autre tribun, qui, à chaque proposition libérale et démocratique des fils de Cornélie, répondait par une proposition beaucoup plus avancée et ultradémocratique, montrant ainsi aux sociologues et aux socialistes de tous les temps qu'ils n'ont pas de pire ennemi que les surenchérisseurs.

De même, la science peut se charger de ses vrais ennemis et se défendre contre eux. Mais elle a tout à craindre de ses faux amis qui, consciemment ou non, exagèrent ridiculement son rôle et surenchérissent constamment sur les espérances qu'elle fait naître.

Si certains ont pu, avec Brunetière, parler de faillite ou même de banqueroute de la science, c'est uniquement parce que beaucoup, avec Berthelot, voulaient extraire de la science et lui faire donner ce qu'elle ne contient pas, ce qu'elle est incapable de fournir et ce qu'en réalité elle n'a jamais promis de donner.

La vraie science n'a à redouter que les flatteurs qui la dénaturent par leurs hyperboles.

Dans une société bien organisée, le rendement social d'un citoyen est au maximum, quand ce citoyen est à sa place, y reste, y travaille suivant ses aptitudes et ses capacités et ne sort pas de la spécialité dans laquelle il excelle.

Cette formule s'applique aux savants, aux biologistes et aux hygiénistes, comme aux autres : comme les autres, ils rendront le maximum de services à leurs concitoyens en restant à leur place, en ne forçant pas leur talent et en ne cherchant pas à envahir les territoires voisins.

Ainsi compris et réduit, leur rôle reste d'ailleurs très grand, très beau et très nécessaire dans toute société bien organisée.

3. — Importance de la biologie et de l'hygiène en sociologie.

Car vous pensez bien que c'est là le premier point de mon développement, — il faut d'abord proclamer en quelques mots l'importance vraie de l'hygiène sociale et de la médecine sociale.

Le but d'une bonne organisation sociale est évidemment d'étendre, le plus possible et dans tous les sens, la vie de tous les individus : en longueur, en activité, en fécondité et en satisfactions.

Dans la poursuite de ce but on voit immédiatement l'utilité qu'il y a à *prévenir,* le mieux et le plus possible, la maladie, à en préserver un nombre croissant de citoyens. Or, c'est là l'objet même de l'hygiène, art d'application scientifique qui existe depuis longtemps, mais dont il faut bien dire qu'elle a fait depuis un siècle d'incommensurables progrès.

On exagérerait si on disait que Pasteur a *créé* l'hygiène sociale scientifique, puisque la vaccine avait été découverte par Jenner à la fin du xviiie siècle et que la médecine de tous les temps s'est efforcée de faire isoler les contagieux. Mais cette préservation des maladies transmissibles était plus théorique que pratique, quand notre grand Pasteur apporta, comme on l'a dit, dans cette question « les idées, tranquillement et innocemment révolutionnaires qui sont le fond de son œuvre. Tant qu'il n'a étudié que la levure de bière, comme dit Duclaux, il n'a fait que révolutionner la brasserie. Mais, quand il a touché aux germes pathogènes, la maladie joue un tel rôle dans le monde que c'est l'humanité tout entière qui a été remuée de fond en comble par le revirement d'idées sorti de ses découvertes ».

Et, depuis lors, en effet, on a bien précisé le rôle de l'air et surtout de l'eau dans la propagation des germes de maladie ; de là, des règles pour la construction et la disposition des habitations, pour la captation et la distribution de l'eau potable, pour la construction et la surveillance des égouts, règles, dont toute société bien organisée ne peut plus se passer.

Un des meilleurs effets de ce progrès scientifique a été certainement, non seulement de préciser et de compléter les prescriptions hygiéniques, mais encore et surtout de les démocratiser, de les répandre, de les socialiser.

Les riches n'ont pas attendu les découvertes de Pasteur pour se loger hygiéniquement, se nourrir confortablement et se garantir le mieux possible des maladies contagieuses. Mais la science contemporaine a rendu plus accessibles à l'ouvrier l'habitation salubre, l'alimentation saine et bien réglée ; elle lui a appris la force qu'il peut tirer du *vin-aliment,* pris en quantité modérée, et le danger que lui fait courir *l'alcool-poison* — l'alcool qui non seulement fait le lit de la tuberculose, mais, encore est l'instigateur et l'introducteur de toutes les déchéances précoces.

De plus, la science, toujours à elle seule, a montré aux riches, déjà soucieux de leur propre santé, que le pauvre devient, quand il est malade, un danger pour tout le monde ; que c'est donc son intérêt, à lui riche, son intérêt égoïste bien compris, de diminuer le plus possible la maladie du pauvre, d'aider l'ouvrier dans la lutte contre les maladies sociales et les maladies transmissibles.

Et ainsi les dirigeants de la société se sont intéressés à répandre l'hygiène professionnelle, l'hygiène individuelle, l'hygiène familiale — dans ces classes laborieuses et ouvrières, qui constituent la véritable base de la société et qui jusqu'ici paraissaient si rebelles à l'invasion de l'hygiène — soit par ignorance, soit par impuissance matérielle à l'appliquer.

Sans sortir du terrain utilitaire, la société a compris qu'elle doit s'intéresser davantage à la santé de l'ouvrier, non seulement pour diminuer les dangers de dissémination sociale de la maladie, mais encore pour accroître au maximum le rendement social de tous : plus on sauvera d'enfants du premier âge, plus on surveillera l'éducation physique et l'éducation corporelle de l'adolescent, — plus on accroîtra le nombre des ouvriers utiles, des soldats vaillants, plus on développera la vie de la société entière et on augmentera sa fécondité, en même temps le bien-être de chacun.

Je n'ai pas besoin d'insister davantage : vous voyez combien les progrès de la biologie et de l'hygiène (qui en est l'application) ont accru l'importance de la science dans l'édification de la sociologie. Il est donc impossible de concevoir aujourd'hui une sociologie qui ne s'appuierait pas sur les sciences biologiques. Il ne peut pas y avoir de sociologie sans biologie. La biologie est la condition *nécessaire* de la sociologie.

En est-elle aussi la condition *suffisante ?* c'est-à-dire la biologie et la science en général suffisent-elles pour édifier la sociologie ?

Je ne le crois pas. Je crois qu'avec la biologie il faut *autre chose* pour faire la sociologie.

Voilà le second point que je voudrais maintenant développer.

Je serai obligé de m'arrêter un peu plus longuement sur cette seconde proposition, parce qu'elle est moins universellement admise que la précédente et que, hors de cette enceinte tout au moins, elle est vivement discutée et violemment combattue.

4. — Dans une sociologie basée sur la seule science il n'y aurait ni devoir ni obligation.

Je suppose une société réalisant le rêve des hommes qui pensent que la science — j'entends la science posi-

tive au sens d'Auguste Comte, dans l'espèce la biologie — que la science suffit à une organisation sociale
parfaite ; et, pour ne pas diminuer les atouts de mes
adversaires, je suppose que la biologie a fait de nouveaux
et très grands progrès et a définitivement résolu tous
les problèmes, dont elle a aujourd'hui entrevu et commencé la solution.

Les lois de l'hygiène sociale sont donc bien précises,
bien nettes. Quels moyens la société, que nous rêvons,
aura-t-elle pour les faire exécuter, pour en faire bénéfi-
cier tous ceux qui auront le bonheur de vivre à cet
âge d'or de la science ?

Avec une autorité désormais indiscutée, la société pré-
sentera et fera connaître, à tous, les dernières acquisitions de la science définitive. Elle dira à chacun : voilà
ce que la science déclare le mieux. — Malheureusement,
il lui sera impossible d'ajouter : Voilà donc ce que vous
devez faire.

Si cette société essayait de donner des *ordres* au nom
de la science, chacun pourrait s'insurger et dire : au nom
de quel droit voulez-vous m'obliger à faire telle ou telle
chose ?

Vous me dites, au nom d'une science certaine, que, si
je bois tous les jours mon apéritif et mon petit verre, je
risque de raccourcir ma vie ; je ne le conteste pas ; mais
il me plaît, à moi, de jouir un peu plus et de vivre moins
longtemps, pourvu que ce soit plus gaiement.

Pourquoi n'aurais-je pas le droit de me suicider, comme
les lycéens dont Maurice Barrès a si finement analysé la
triste psychologie ?

La société, qui ne parle qu'au nom de la science, ne
peut rien répondre à des raisonnements de ce genre.

La science indique nettement ce qui est dans mon

intérêt ; mais elle ne peut absolument pas m'indiquer ce qui est mon *devoir,* ni même s'il y a un devoir. La science est *amorale ;* elle *ignore* et ne peut pas donner la notion de devoir et d'obligation morale.

Comme je l'ai dit ailleurs en citant le livre d'Albert Bayet sur la *morale scientifique,* la science observe « ce qui est » ; de ce « spectacle » il lui est impossible de « déduire la formule de ce qui doit être » ; de même qu'un « astronome observe le cours que suivent les astres », mais ne peut pas trouver dans ses observations le droit « de blâmer ou d'approuver ces astres ».

Et le même auteur, qui est notre adversaire absolu sur le terrain religieux, Albert Bayet conclut : « Quand la science conseille d'employer certaines machines agricoles ou de faire bouillir son eau avant de la boire, elle donne un renseignement et un conseil utiles ; mais elle ne donne en rien un ordre qui entraîne l'idée d'obligation et de devoir. »

Voilà qui est clair.

5. — Il n'y aurait que des conflits d'intérêts.

Supposons cependant cette première difficulté vaincue ; les hommes se laissent convaincre par la science qui leur dit, dans chaque cas : voilà ce que tu dois faire dans ton intérêt. Chacun suit cette injonction et se préoccupe scientifiquement de son propre intérêt.

Immédiatement une nouvelle difficulté surgit, plus grave que la précédente : à tous moments et dès le début de l'application de ces principes, les intérêts individuels se heurteront mutuellement les uns aux autres ; le conflit sera permanent, et la société, perpétuellement troublée et tiraillée.

Mon intérêt, à moi qui me porte bien, c'est de supprimer le malade dangereux, de ne plus acheter de pain chez un boulanger dont un enfant a la scarlatine ; dans mon intérêt, je devrai agir comme les hôteliers d'Espagne agissaient avec le pauvre Chopin voyageant avec George Sand : nous repousserons de partout les malheureux tuberculeux...

Dans cette société que dirige la seule considération de l'intérêt individuel, ce ne serait que bataille, méfiance, exclusion. La moitié valide de l'humanité, si elle n'ose pas supprimer violemment l'autre moitié moins valide, l'enfermera dans des léproseries où personne ne les soignera, puisqu'il n'y aura naturellement plus d'ordre religieux dans cet heureux pays.

6. — L'intérêt général ou de l'espèce ne peut créer l'obligation.

Mais, répondra-t-on et avec raison, la science, à elle toute seule, peut donner à la société idéale que nous rêvons, un objectif plus élevé que l'intérêt individuel : en sociologie scientifique on propose aux hommes de s'inspirer constamment, non de leur intérêt individuel, mais de l'intérêt *général*.

On peut en effet dire que, déjà au point de vue purement biologique, l'homme est un animal *sociable*, il a une famille ; les familles se groupent en nations et forment une patrie ; enfin, tous les hommes appartiennent à la même espèce : la science, arrivée à son apogée, indiquera à chaque homme ce que, dans chaque cas particulier, il doit faire dans l'intérêt de la famille, dans l'intérêt de la patrie, dans l'intérêt de l'espèce.

Mais ici, bien plus encore que tout à l'heure, surgit la

même difficulté : Comment et au nom de quoi, la science pourra-t-elle imposer l'exécution de ce qu'elle édicte comme le plus avantageux ; et, quand il y aura des conflits entre tous les intérêts individuels, familiaux, nationaux, humains, comment et au nom de quoi pourra-t-elle dire à l'homme : Voilà ton *devoir,* voilà ce que tu es *obligé* de faire ?

Je l'ai déjà dit, il est absolument interdit à une société, qui parle au nom de la seule science, de prononcer les mots *devoir* et *obligation.* Et alors, c'est l'insurrection régulière et générale, c'est le désordre en permanence.

Je ne veux pas sacrifier mon intérêt personnel à celui de la nation. De quel droit m'obligera-t-on à faire un service militaire, qui expose ma santé et ma vie, pour le bien et la garantie des autres ? Vous voulez que je considère l'intérêt de l'espèce : pourquoi alors ne jetterais-je pas à l'Eurotas les enfants malingres qui coûtent à mon ménage et ne seront d'aucun profit pour la société ? pourquoi ne répudierais-je pas mon conjoint dès que la maladie le rend producteur moins fécond et ne le remplacerais-je pas par un semeur plus vigoureux ? pourquoi ne ferais-je pas violemment disparaître les parents infirmes, les vieillards inutiles, qui mangent et consomment sans rien rapporter ? pourquoi, en un mot, ne pas supprimer le plus tôt possible tous ceux qui ne sont d'aucune utilité, et à plus forte raison tous ceux qui sont un danger, pour les individus, la famille, la nation ou l'espèce ?

Voilà le langage que chacun pourra tenir, les principes que chacun pourra appliquer, dans cette société future, exclusivement régie par une sociologie scientifique.

7. — La loi civile écrite ne suffirait pas non plus.

Les adeptes de cette sociologie purement scientifique et les partisans de cette société future ont encore quelque chose à me répondre.

Vis-à-vis de ces intérêts déchaînés et en lutte, la société a toujours un moyen d'imposer sa volonté, de maintenir l'ordre et de rétablir la paix sociale. C'est la loi, la loi civile, la loi écrite, la loi votée par le parlement, qui introduit dans la vie humaine l'idée de devoir et d'obligation. Chacun *doit* appliquer les lois de son pays, chacun est *obligé* de leur obéir. Et ainsi, dans cette société uniquement gouvernée au nom de la science, on pourra obliger les citoyens à élever leurs enfants, même malingres ; on pourra les empêcher de supprimer violemment les bouches inutiles des parents devenus vieux ; comme on obligera chacun à faire son service militaire et à déclarer à la mairie la maladie transmissible dont un de ses enfants est atteint...

A défaut de l'obligation morale, il y aura l'obligation par le gendarme et par la peur du juge et de la prison.

Je ne contesterai pas l'importance de cette réponse. Plus que jamais, aujourd'hui, nous savons, nous catholiques, ce qu'une majorité de parlementaires, plus ou moins régulièrement élus, peut légalement imposer à l'immense masse des citoyens d'un pays.

Mais cependant on a gardé, ce me semble, encore la notion de la loi juste et de la loi injuste, de la loi qui oblige et de la loi qui n'oblige pas. Tout le monde reconnaît bien que je ne serais pas obligé d'obéir à une loi qui m'ordonnerait de tuer mon père ou mon fils et que j'aurais le devoir de désobéir à une loi qui m'obligerait, moi chrétien, à marcher sur le Christ, ou à une loi qui me commanderait, à moi Français, de planter et d'enterrer dans le fumier le drapeau tricolore qui symbolise la patrie, que le pape Pie X a solennellement embrassé à Saint-Pierre et qu'un grand Français vient de transporter glorieusement au delà de la Manche, pardessus les mâts et les cheminées de la flotte anglaise, salué de nos applaudissements émus.

Il est d'ailleurs bien inutile de développer ces idées dans la ville archiépiscopale du cardinal, qui, hier encore, confessait cette doctrine, rappelait que cette doctrine est, non seulement celle de l'Eglise, mais aussi celle de la Déclaration des droits de l'homme formulée par les grands ancêtres et rappelait en même temps cette parole prononcée, en pleine Chambre, par un philosophe député, qui n'était pas un clérical, mais que la tyrannie révoltait : « Si vous votez cette loi, je jure de lui désobéir. »

Donc, on a le droit de discuter le principe et l'origine d'une loi.

Eh bien ! je déclare que, dans cette société future que je suppose basée exclusivement sur la science, il n'y aurait de juste et d'obligatoire que les lois ayant pour objet le seul intérêt de l'espèce. On aurait régulièrement le droit de s'insurger contre les lois qui viseraient autre chose que l'intérêt de l'espèce.

Votre illustre concitoyen, le grand libéral Montesquieu, qui, quoi qu'en ait dit la marquise du Deffand, ne s'est pas contenté de faire « de l'esprit sur les lois », Montesquieu a, dans une définition restée classique, dit que les lois sont « les rapports nécessaires qui dérivent de la nature des choses ».

Dans une société uniquement basée sur la science,

les lois sociales ne devront viser que les rapports dérivant de la nature *biologique* des choses, c'est-à-dire que les sociétés humaines devront être considérées au seul point de vue biologique comme des associations d'animaux, psychiquement supérieurs aux autres, mais de même nature essentielle.

L'organisation de ces sociétés humaines ne peut donc avoir pour but que la conservation et la plus grande vie de la collectivité et de l'espèce.

Pour le biologiste, seule existe *l'espèce* humaine avec ses individus (familles, nations). L'intérêt qui, en cas de conflit, domine également tous les autres, est toujours celui de l'espèce.

Dès lors, il est impossible à une société, qui ne reconnaît que ces principes, de légiférer l'assistance aux enfants souffreteux et malingres, aux infirmes ou aux vieillards. Car cette assistance *n'est d'aucune utilité pour l'espèce* et constitue au contraire une charge inutile pour la commnnauté.

Notre adversaire, Albert Bayet, le dit encore très nettement (et avec grande raison puisqu'il n'admet que le seul point de vue scientifique) : « En vérité, quel talent pourrait nous persuader que la conservation artificielle des idiots, des vieillards en enfance est un bien pour la société ? »

Et plus loin : « Comme il n'y a pas un intérêt qui soit commun à tous les membres d'une société, il n'y a pas un intérêt général pour cette société tout entière. Il y a des intérêts sociaux qui se contrarient, qui s'entre-choquent. L'intérêt des médecins n'est pas celui de leurs clients. L'intérêt des individus n'est pas celui des gouvernants. L'intérêt des capitalistes n'est pas celui des prolétaires. L'intérêt d'une industrie n'est pas celui d'une industrie rivale. L'intérêt du riche n'est pas celui du pauvre. Alors comment choisir ? Le propriétaire prendra parti pour la propriété, le prolétaire contre... »

Mais le législateur, le sociologue, que vont-ils faire, réduits qu'ils sont à ne s'appuyer que sur la science et par conséquent à ne formuler et à n'édicter que des lois en rapport avec l'intérêt de tous les citoyens ?

Ils ne sauront où trouver cette formule irréalisable de l'intérêt général, de l'intérêt social. Avec la plus grande honnêteté du monde, ils ne pourront pas trouver un critère, qui leur permette d'édicter les préceptes de la science en lois justes et acceptées de tous.

Il y a d'ailleurs beaucoup de préceptes scientifiques d'hygiène sociale qu'il est absolument impossible d'édicter en lois positives et obligatoires : tels sont les préceptes relatifs à la lutte contre la dépopulation, à l'honnêteté du mariage, à l'allaitement de l'enfant par sa mère...

Au législateur qui voudra, au nom de la seule science, imposer des devoirs envers la patrie, le citoyen logique pourra toujours répondre avec Bayet : « Veut-on me dire que je dois chercher à maintenir, non la société en général, mais celle dont je fais partie ? Qui m'interdit de de la trouver mauvaise — cette société — et de chercher à la supprimer ? Enfin et surtout, qui m'interdit de n'avoir jamais aucun égard à l'intérêt social ? »

Donc, la société scientifique, dont nous discutons l'organisation idéale, serait dans l'impossibilité de codifier justement toutes les règles posées par la biologie la plus avertie.

8. — Même avec la force à leur service, les lois biologiques ne conduiraient la société qu'à la lutte et à la guerre.

Mais, me dira-t-on, à cette époque où vous vous placez, il n'y aura plus à parler de lois *justes* et de lois *injustes* ; il n'y aura qu'à édicter toutes les lois *utiles* et à les imposer par la *force* aux minorités récalcitrantes.

Eh bien ! Messieurs, je dis que, même si on arrive, dans cette société scientifique, à ce degré de tyrannie, à cet étatisme despotique, à ce mépris absolu de la liberté individuelle, à cette confusion monstrueuse de la légalité et du droit, même si on parvient à réaliser cet idéal à rebours qui nous ferait revenir aux mœurs, à peine affinées dans la forme, de l'âge des cavernes, si au nom de la science, on annule les conquêtes, si chèrement achetées, de toutes nos révolutions — même alors, on ne pourra pas arriver à répandre et à imposer toutes les vraies règles d'une saine sociologie.

Même appliquée avec toute la rigueur possible et dans tous ses détails, la science ne peut aboutir qu'à cette formule : *Ne faites pas à autrui ce que vous ne voudriez pas qu'on vous fît* ; et, comme l'a justement dit un socialiste éminent : *utilisons-nous les uns les autres.*

A mon sens, toute sociologie qui s'arrêtera à ces formules, les seules scientifiques, sera frappée de stérilité et d'impuissance.

Une sociologie ne peut être féconde qu'à la condition d'inscrire à sa base, non seulement le respect de la vie et de la liberté d'autrui et de la personnalité humaine, mais aussi l'*amour* du prochain ; non seulement la notion de la *non malfaisance*, mais la notion

de la *bienfaisance,* de l'assistance, du *sacrifice ;* une
sociologie ne sera féconde qu'à la condition de dire aux
hommes : il ne suffit pas de ne pas tuer ou voler son
voisin ; il ne suffit pas de ne pas nuire à son voisin ;
il faut l'*aimer,* se *dévouer* pour lui, sacrifier son propre
intérêt à l'intérêt du prochain. Il faut inscrire au fron-
ton de l'édifice social : *Aimons-nous et assistons-nous
les uns les autres ; faites aux autres ce que vous voudriez qu'on vous fît.*

Or, cette formule, Messieurs, jamais la sociologie ne
parviendra à la faire sortir de la science biologique,
par cette bonne raison que la biologie, interrogée seule,
non seulement ne conduit pas à une conclusion semblable, mais encore aboutit à une conclusion diamétra-
lement opposée.

Il n'est, en effet, pas permis de se faire illusion : pour
tous les biologistes sans exception, *la vie est une bataille*
et n'est qu'une bataille ; pour mieux dire, elle n'est
qu'une victoire incessante sur les ennemis du dehors et
du dedans ; le jour où l'être vivant est vaincu, il est
mort.

L'homme, pris individuellement, soutient cette perpétuelle bataille contre les agents physiques, chimiques
et vivants, au milieu desquels il est plongé : il se défend
contre la chaleur, contre la lumière, contre les animaux
et contre les microbes. Il se défend contre tout ce dont
il vit, ou plutôt c'est sa victoire incessante sur les éléments extérieurs qui lui permet de s'en nourrir, de
se les assimiler et de vivre.

Pour le biologiste, la vie de l'homme, comme la vie
de tous les animaux et de tous les êtres vivants, n'a
qu'un objectif : la perpétuité de l'espèce.

La fourmi et l'abeille mâles ne vivent que le temps

nécessaire pour la reproduction. De même, au point de vue biologique, l'homme devient un être inutile et bon à supprimer, dès qu'il a dépassé l'âge ou maladivement perdu le pouvoir d'engendrer.

La fourmi femelle est dépouillée de ses ailes par les ouvrières et ne doit plus être occupée qu'à pondre. Les ouvrières défendent et nourrissent la pondeuse et la colonie. Toujours un seul et même but pour tous : la procréation et la continuation de l'espèce.

Voilà la seule fin que la science biologique peut assigner à l'homme et à la Société.

Et alors c'est la bataille, comme entre les fauves du désert, pour la possession de la femelle la plus belle et la plus utile à l'espèce ou à la nation ; c'est l'enlèvement des Sabines ; ce sont les harems peuplés par les captives ; ce sont les guerres entre nations pour conquérir les pays les plus fertiles, capables de fournir et de nourrir une plus belle race...

9. — Tous les inconvénients et les vices de l'organisation sociale actuelle seraient accrus.

Voilà un premier, et un puissant, motif de guerre perpétuelle dans cette société future uniquement régie par les lois scientifiques : *afin de maintenir et d'accroître l'espèce, les hommes s'entre-tueront.*

Cet *illogisme* monstrueux ne sera pas le seul que cette sociologie biologique fera naître.

La biologie humaine est tout entière basée sur *l'inégalité* des individus : inégalité de santé, de force physique, d'aptitudes corporelles, de valeur intellectuelle... La sociologie, uniquement basée sur cette science biologique, ne peut donner ni *atténuation* ni *compensation* à cette inégalité nécessaire. Dès lors, les colères sociales seront bien plus vives et plus violentes qu'aujourd'hui.

Ceux qui seront ou se croiront nés en infériorité biologique ne voudront pas accepter la supériorité de quelques-uns ; ils s'apercevront qu'ils sont le nombre et *ils imposeront leur médiocrité par la force.* Ce ne sera plus la grève légale, l'association légitime pour la défense des intérêts ; ce sera l'émeute, l'incendie, le pillage.

Comme Tarquin, le peuple-roi coupera la tête de toutes les tulipes : ce sera la recherche, par la violence, de l'égalisation par en bas. La raison du plus fort deviendra effectivement la meilleure ; la force sera reconnue par tous la vraie et seule source du droit.

Quand cette doctrine régnera en maîtresse, ce sera d'abord la ruine de la nation qui aura eu le triste honneur de l'appliquer la première ; et, si la doctrine se généralise, ce sera la ruine de l'humanité tout entière.

Et ainsi l'illogisme sera porté à son comble : la science qui est l'émanation, la source et l'incarnation du progrès, la science qui est l'instigatrice de la paix sociale n'aura, en définitive, engendré que la guerre, la ruine et la *négation de la science elle-même.*

Car, dans cette société semblable aux familles d'animaux, il n'y a plus de place pour les savants, êtres inutiles et malfaisants, dont la supériorité serait une insulte au peuple des manouvriers et dont les découvertes, comme les machines agricoles ou industrielles, n'ont de résultat que d'enlever le pain à l'ouvrier.

Il faut supprimer tout luxe et tout superflu inutiles : les arts comme la science. Quel est le rendement social d'un peintre ou d'un musicien, toujours inférieurs à un vigoureux semeur ? Ce sera le *règne de l'athlétisme ;* le surhomme sera le mieux musclé.

Pour mieux dire, il n'y aura, chez les hommes de cette époque, comme chez les abeilles et les fourmis de tous les temps, il n'y aura que des mâles et des femelles formant l'aristocratie procréatrice, aidée, protégée et nourrie par la foule des *ouvriers*.

Voilà, Messieurs, ce que sera la cité scientifique, la société hygiénique, à l'âge glorieux du triomphe de la biologie.

10. — Pour être saine et féconde, la sociologie doit s'appuyer sur le devoir obligatoire, l'amour et le sacrifice.

Je n'ai pas besoin d'insister pour montrer que ce n'est là ni votre idéal sociologique, Messieurs, ni (j'ai hâte de le dire) l'idéal sociologique de personne.

Car, il faut le bien le reconnaître, avec des points de départ contradictoires et des raisonnements absolument différents et opposés, tous les penseurs, tous les sociologues désirent une société tout autrement organisée.

Partant de cette inégalité, regrettable mais inévitable, dont je parlais tout à l'heure, et qui est la loi organique de ce monde, on comprend qu'il faut non la supprimer (puisque c'est impossible), mais en atténuer et en pallier les effets.

Pour cela, il est absolument indispensable que toute sociologie accepte d'abord et proclame l'idée de *devoir obligatoire*, la loi *d'amour* et la notion de *sacrifice*. Il faut que toute sociologie prenne pour épigraphe, non plus « utilisons-nous les uns les autres », mais « aimons-nous les uns les autres, sacrifions-nous les uns aux autres ».

En restant au point de vue particulier que j'étudie ce

soir, il n'y a pas *d'hygiène sociale* vraiment utile sans ces principes.

La lutte contre la transmission des maladies infectieuses devient odieuse et tyrannique, si elle n'est pas appliquée avec *amour pour le malade*, avec *esprit de sacrifice chez le bien portant*. Que deviendraient les familles, l'éducation des enfants et l'avenir de la patrie, si les prescriptions scientifiques d'une hygiène rigoureuse présidaient seules au mariage et gouvernaient seules la vie conjugale : dès qu'un conjoint serait gravement et chroniquement malade, l'autre devrait l'abandonner et lui chercher un remplaçant. *La science biologique peut réglementer l'union libre*, elle ne peut pas comprendre le vrai mariage. Et cependant que deviendrait la société humaine si le mariage n'était plus considéré que comme un vulgaire « contrat de louage? »

Comme je l'ai déjà dit ailleurs, l'hygiène ne pourrait qu'approuver cette femme de Pittsbourg, qui a obtenu le divorce et une pension alimentaire, uniquement parce que son mari n'avait pas pris de bain depuis leur mariage, c'est-à-dire depuis neuf ans.

Ce qui caractérise vraiment l'humanité et la distingue des autres espèces animales, c'est qu'il n'y a pas de société humaine sans dévouement et sans sacrifice. On l'a compris et proclamé à toutes les époques.

On ne veut plus aujourd'hui de cet admirable mot « charité » qui veut dire tendresse, amour, pratique et agissant, pour ceux qui nous sont « chers ». On préfère les mots « solidarité », « fraternité », « assistance », « mutualité ». Peu importent les mots : toutes ces expressions n'ont aucun sens ou veulent dire amour, dévouement et sacrifice.

Récemment, dans un article intitulé « la fin du transformisme », la *Dépêche* citait cette phrase du grand biologiste Bohn : « Il y a un hiatus entre l'intelligence des animaux et l'intelligence humaine; je ne crois pas que nous soyons prêts à combler cet hiatus », et l'auteur de l'article, Remy de Gourmont, ajoutait : « L'hiatus ne se comble jamais... Nous ne sommes les maîtres du monde que parce que nous sommes les seuls maîtres possibles. »

Ce n'est pas la seule intelligence qui creuse l'hiatus et rend nécessaire la maîtrise de l'homme. L'infranchissable différence qu'il y a entre les sociétés humaines et toutes les sociétés animales, la grande et définitive cause de la supériorité sociale de l'homme sur les animaux, c'est la *loi d'amour*, de dévouement et de sacrifice qui nous gouverne, tandis que toutes les sociétés animales ne connaissent que la *loi de l'espèce*.

L'humanité tomberait au rang de l'animalité le jour où elle ne voudrait plus appliquer que la loi biologique de l'espèce. Que dis-je? L'humanité tomberait alors bien au-dessous de l'animalité ; car, au point de vue purement animal, l'homme est bien moins armé et serait irrémédiablement vaincu par beaucoup d'animaux.

1. — Ces principes nécessaires à l'édification de la sociologie ne peuvent être trouvés que dans l'Evangile.

Une société humaine ne peut donc vivre, une sociologie féconde ne peut être fondée que si on complète et si on corrige les lois scientifiques de la biologie et de l'hygiène par les lois morales du dévouement mutuel et du sacrifice réciproque.

Où pouvons-nous donc puiser, d'où pouvons-nous

tirer ces préceptes d'abnégation, de renonciation et d'amour du prochain ? J'ai établi que ce n'est pas dans les livres de science biologique. Ai-je besoin d'insister pour vous montrer qu'il suffit d'ouvrir l'Evangile pour trouver, à toutes les pages, le lumineux enseignement de cette grande doctrine ?

La justice des disciples de Jésus-Christ doit être « plus abondante que celle des scribes et des pharisiens ». Il ne suffit pas de dire avec les anciens : « Vous ne tuerez point et quiconque tuera méritera d'être condamné par le jugement. Moi, je vous dis que quiconque se met en colère contre son frère méritera d'être condamné par le jugement, celui qui dira à son frère : Raca, méritera d'être condamné par le conseil. Et celui qui dira : fou, méritera d'être condamné au feu de l'enfer. »

Après le premier commandement qui vise l'amour de Dieu, vient le second qui est semblable : « Vous aimerez votre prochain comme vous-même. Il n'y a aucun commandement plus grand que ceux-ci. »

Cet amour du prochain, il faut l'étendre à ses ennemis, à ceux qui nous ont fait du mal. « A vous qui m'écoutez je dis : Aimez vos ennemis, faites du bien à ceux qui vous haïssent. Bénissez ceux qui vous maudissent et priez pour ceux qui vous calomnient. Si un homme vous frappe sur une joue, présentez-lui l'autre. Et, si quelqu'un vous enlève votre manteau, ne l'empêchez point de prendre aussi votre tunique... Si vous n'aimez que ceux qui vous aiment, quel mérite avez-vous ? Car les pécheurs aiment aussi ceux qui les aiment. Et si vous faites du bien à ceux qui vous en ont fait, quel mérite avez-vous ? Car les pécheurs font de même. »

Tout cela, il ne faut pas le faire pour le plaisir humain qu'on pourrait en retirer. Il faut s'humilier, faire pénitence, pardonner à ses ennemis et les aimer sans espérer aucune récompense terrestre.

« Gardez-vous de faire vos bonnes œuvres devant les hommes pour être regardés par eux... Lors donc que vous donnerez l'aumône, ne faites point sonner de la trompette devant vous, comme font les hypocrites dans les synagogues et dans les rues, pour être honorés des hommes... Mais, lorsque vous ferez l'aumône, que votre main gauche ignore ce que fait votre main droite. » Faites le bien, simplement et obscurément, comme la pauvre veuve, qui donne « deux petites pièces de la valeur d'un quart de sou » ou comme le Samaritain qui ramasse et panse le blessé sur la route de Jéricho.

Comme vous le disait éloquemment ce matin le cardinal Andrieu, on trouve ainsi dans l'Evangile tous les éléments d'une sociologie large, sage et libérale : il n'y a plus de caste inaccessible, de classes rivales. Notre-Seigneur appelle les publicains et les pécheurs, mange avec eux, choisit parmi eux ses apôtres.

Ceux qui ont reçu la richesse ne doivent pas thésauriser ; ils doivent aider leur prochain.

« Je vous le dis en vérité, un riche entrera difficilement dans le royaume des cieux. Je vous le dis encore une fois, il est plus facile à un chameau de passer par le trou d'une aiguille qu'à un riche d'entrer dans le royaume des cieux. »

Et le mauvais riche, qui n'a rien volé, qui n'a frustré personne, mais qui a refusé de faire l'aumône aux pauvres, est « enseveli dans l'enfer » et appelle Abraham qui lui répond : « Mon fils, souvenez-vous que vous avez reçu les biens durant votre vie et que Lazare n'a eu que les maux ; maintenant il est dans la consolation et vous dans les tourments. »

N'est-ce pas là tout le socialisme le mieux compris ?

Remarquez, en effet, que Notre-Seigneur ne dit pas seulement aux pauvres qu'ils seront dédommagés dans l'autre monde ; il dit nettement aux riches que, s'ils n'aident pas les pauvres, ils seront punis dans l'autre monde.

12. — Conclusions.

Quelle belle sociologie, Messieurs, et combien différente de cette sociologie de méfiance, de guerre, de lutte pour la vie et pour la santé, qu'engendre la science biologique et hygiénique seule.

Dans le dernier chapitre de son *Génie du Christianisme*, Chateaubriand se demande « quel serait aujourd'hui l'état de la société si le christianisme n'eût point paru sur la terre ». — Aujourd'hui, avec plus d'angoisse (parce que c'est l'hypothèse réalisable de demain, au lieu d'être l'hypothèse irréalisée d'hier), aujourd'hui on peut se demander ce que deviendrait la société si le christianisme disparaissait de la terre et était remplacé par la science seule, par la biologie.

J'ai essayé de vous montrer que, si, ce qu'à Dieu ne plaise, le rêve de certains se réalisait un jour, la terre ne serait plus qu'un vaste champ de bataille, sur lequel l'homme, uniquement préoccupé de son intérêt et de son bonheur ici-bas, ne trouverait que la défaite, le désastre et le malheur.

Tant est vraie cette phrase de votre grand Montesquieu : « Chose admirable ! La religion chrétienne qui ne semble avoir d'objet que la félicité de l'autre vie fait encore notre bonheur dans celle-ci ! »

Fontanes, qui avait inscrit cette phrase en tête de l'article par lequel il annonçait dans le *Moniteur* la publication du *Génie du Christianisme,* Fontanes ajoutait : « Cet ouvrage, longtemps attendu, commencé dans des jours d'oppression et de douleur, paraît quand tous les maux se réparent et quand toutes les persécutions finissent... La religion, dont la majesté s'est accrue par ses souffrances, revient, d'un long exil, dans ses sanctuaires déserts, au milieu de la victoire et de la paix dont elle affermit l'ouvrage... »

A vous, Messieurs des « Semaines sociales » de préparer par vos congrès, vos publications et votre inlassable travail, de préparer l'œuvre, qui, comme le *Génie du Christianisme* le jour de Pâques 1802, proclamera et saluera l'avènement ou plutôt la résurrection glorieuse, dans notre chère France, d'un nouveau *Concordat entre la société et l'Evangile,* concordat qui supprimera les luttes de classe, — qui remplacera la haine et la méfiance par l'amour et le dévouement mutuels, — qui, loin de combattre la science, lui permettra de prendre tout son développement dans ce qui est son domaine propre, — qui supprimera la rançon de tyrannie et de persécution que le progrès scientifique, livré à lui-même, semble exiger, — qui ouvrira enfin l'ère définitive du bonheur social et de la paix, dans la doctrine de Jésus-Christ, à tous les hommes de bonne volonté !

II

L'UNION ET L'ACTION SOCIALES SUR LE TERRAIN DE L'ÉVANGILE

Conférence faite au « Congrès de l'Union des Œuvres ouvrières catholiques », à Nîmes, le 7 septembre 1909.

———

L'UNION ET L'ACTION SOCIALES
SUR LE TERRAIN DE L'EVANGILE

MESSEIGNEURS (1),
MESDAMES,
MESSIEURS,

Au grand honneur qui m'est fait, et dont je sens bien, je vous assure, toute l'importance — de prendre la parole devant un semblable auditoire — il semble que je vais répondre d'une manière bien insuffisante, en ne vous disant que des *banalités*.

Quoi de plus banal en effet que de parler *d'union*, des avantages de l'union et de la force que donne l'union, à une époque où l'idée d'union et d'association est une *idée fixe*, quasi obsédante, chez tout le monde, dans toutes les catégories de citoyens ; à une époque où tous ne rêvent que ligue et syndicat, depuis les pêcheurs à la ligne jusqu'aux fonctionnaires de l'Etat, et où les associations sont si nombreuses qu'on épuise, pour les désigner, tous les groupements, trois par trois, des diverses lettres de l'alphabet, depuis les P. T. T. jusqu'à la C. G. T.

Il paraît donc oiseux de tant vanter les avantages des unions. Il vaudrait peut-être mieux vous en montrer les *dangers*. Car il y a vraiment trop d'associations et

(1) Mgr Béguinot, évêque de Nîmes : Mgr de Cabrières, évêque de Montpellier ; Mgr du Curel, évêque de Monaco, et Mgr de Poterat, protonotaire apostolique, président du Congrès.

il n'est pas sans péril d'éparpiller les forces individuelles entre un trop grand nombre de groupements.

Ce qu'il faudrait donc vous dire, et ce que je voudrais vous dire ce soir, ce n'est pas de vous unir, mais sur quel *terrain* et dans quel *but* vous devez vous unir. Car, comme la langue d'Esope et la femme de tous les pays, l'union est la pire ou la meilleure des choses, suivant les principes qui la dirigent et l'objectif qu'elle se propose.

Notez bien que ceci est vrai, même des unions accessibles et permises à des catholiques, les seules dont j'ai à m'occuper ici.

Je vais donc essayer de vous montrer d'abord l'inutilité ou le danger de certains terrains, d'ailleurs séduisants, d'association. De cette revue critique, nous déduirons tout naturellement ensuite le vrai et seul terrain sur lequel on puisse édifier une union utile d'action sociale.

LES DIVERS TERRAINS D'UNION ET D'ACTION

1. — Le terrain des lamentations.

Il y a un premier terrain d'union, bien justifié malheureusement, bien tentant pour des catholiques à l'heure actuelle : c'est le terrain des *lamentations*.

A notre siècle, les lamentations ne sont plus réservées aux prophètes ; il suffit de se rappeler, de voir et de comparer pour trouver, dans les événements qui se précipitent, d'abondants sujets de lamentation. L'union des catholiques est donc tout indiquée sur ce point ; en fait, elle existe ; et, dans tous les rangs de la société chrétienne, au five o'clock comme au cercle et dans la bonne presse, on se lamente sur les malheurs des temps ; et on n'entend pas une seule note discordante.

Ces lamentations sont, je le répète, absolument justifiées : les libertés de l'individu, la constitution de la famille, la gloire de la patrie, la prospérité de la société, tout est, non seulement menacé, mais atteint ; tout est malade et d'une maladie chronique et rapidement progressive. On peut prévoir les pires catastrophes.

On ne peut pas ne pas constater toutes ces tristes choses et, les constatant, on ne peut pas ne pas se lamenter. Aussi une union sur le terrain des lamentations serait-elle nombreuse. Elle grouperait rapidement la presque totalité du genre humain. Car même ceux qui tiennent l'assiette au beurre se plaignent toujours des dimensions insuffisantes de leur tartine.

Mais à quoi aboutirait cette immense union sur le terrain des lamentations ? A rien.

La lamentation, par elle-même, est stérile et déprimante. Elle ne devient bonne et saine que si elle engendre l'action. Un chrétien peut pleurer parce qu'il reste homme ; mais ses larmes doivent être fécondes. Il faut que ses persécuteurs soient, pour lui, de véritables professeurs d'énergie.

Dans son beau livre sur *Jérusalem* notre éminente amie Monlaur fait un tableau émouvant du *Mur des pleurs* — et des Juifs, qui viennent s'abattre, dans les larmes, au pied de ce dernier et seul reste du Temple de Salomon. Les voix qui se lamentent, répètent : « A cause de ton Temple détruit, à cause de ta beauté disparue, nous sommes assis et nous pleurons. »

C'est bien là l'attitude d'un peuple, dont le temple

n'est reconstruit nulle part, qui n'a pas su reconnaître et qui a crucifié le Messie. Que les Juifs pleurent ! Ils ne peuvent que pleurer !

Mais nous, les chrétiens, nous avons reçu la doctrine ; notre temple a été merveilleusement reconstruit ; nous connaissons la voie, la vérité, la vie. Au lieu de nous lamenter et de pleurer, nous devons donc nous lever et marcher.

Nous devons transformer la prière des Juifs et dire : « A cause de ton temple reconstruit, à cause de ta beauté révélée et accrue, nous sommes debout et nous agissons. »

Voilà donc un premier terrain, très justifié dans son point de départ, très accepté par tous les catholiques, mais qu'il serait néfaste de choisir comme terrain d'union. — Cherchons autre chose que le terrain des lamentations pour nous unir.

2. — Le terrain des récriminations et la recherche des responsabilités.

Un second terrain, qui se rapproche beaucoup du premier, qui part des mêmes constatations et est aussi justifié, qui grouperait facilement aussi un très grand nombre de catholiques et d'autres personnes, mais que je crois tout aussi insuffisant et condamnable que le premier : c'est le terrain des *récriminations*.

Récriminer, c'est-à-dire rechercher et accuser les *responsables* de nos malheurs et de nos désastres, est une œuvre pie, bonne et utile. Il est bon qu'on connaisse les coupables et que l'opinion, bien éclairée, les dénonce et les stigmatise.

Ce terrain des récriminations et de la recherche des

responsabilités est déjà bien supérieur à celui des lamentations pour fonder une union des catholiques.

Ici on ne se contente plus de constater le mal et de pleurer sur son étendue. On recherche la *cause* de ce mal. On s'efforce de comprendre quelles sont les fautes commises, dont nous payons aujourd'hui si chèrement les conséquences.

En sociologie comme en médecine, la découverte de la cause de la maladie est le commencement de la recherche du remède : sans les découvertes de Pasteur sur les microbes qui engendrent les maladies, nous n'aurions pas eu la découverte de Roux pour la guérison de la diphtérie.

Il faut donc encourager le travail de ceux qui cherchent les causes de nos maladies sociales.

Mais c'est là un travail à faire avec sérénité, dans un laboratoire situé au plus haut étage de la tour d'ivoire, loin des passions et des agitations des foules. C'est le travail d'une minorité qui, à l'exemple de Taine, et suivant l'expression de Lamartine s'efforcera de regarder et de juger hommes et choses « du plafond ».

Mais ce n'est pas là un grand et bon terrain à proposer pour une union de catholiques. Voici pourquoi.

La doctrine morale et religieuse, qui nous sert de critère dans nos jugements historiques, nous permet très bien de décider ce qui est bien et ce qui est mal dans les événements : il nous est facile de dire que les massacres de 1793 et l'incendie des Tuileries sous la Commune sont des actes détestables et désastreux, tandis que la campagne de Jeanne d'Arc pour *bouter* dehors les envahisseurs de la France, est un acte bon et heureux.

Mais, quand on veut dépasser le jugement moral, et

rechercher les responsabilités des événements historiques, rien n'est plus difficile.

Certes, il est facile de dire que les responsables des massacres de 93 sont les conventionnels, comme les communards de 71 sont responsables des incendies de Paris et comme M. Combes est responsable de l'expulsion des congrégations.

Mais, si on s'en tient à ce mode de raisonnement, on n'aboutit qu'à des récriminations contre ses adversaires ; la lamentation stérile de tout à l'heure se double d'imprécations solennelles contre les auteurs actuels de nos malheurs. Mais elle n'est pas, pour cela, devenue plus féconde ou meilleure.

Pour que la recherche et la découverte des responsabilités puissent être utiles et donner des enseignements pour notre conduite à venir, il faut qu'elles soient plus profondes, plus fouillées ; il faut notamment d'abord, rechercher et établir les fautes et les responsabilités de nos amis, aussi bien que les fautes et les responsabilités de ceux qui ne pensent pas comme nous.

Je dirai même que nous devons plus insister sur nos propres responsabilités que sur celles des autres, parce que nous pouvons essayer de nous former et de nous corriger, tandis qu'il serait fou d'attendre la conversion de nos persécuteurs.

Sur le terrain ainsi défini de la recherche des responsabilités, je crains bien que nous ne puissions plus nous entendre et faire cette union des catholiques que nous voulons fonder.

Tant qu'il s'agit de récriminer contre son voisin, contre ses adversaires, contre le gouvernement, contre la majorité du parlement, contre les lois votées... l'union restera facile. A quoi cela nous mènera-t-il ? A constater une fois de plus un fait que personne ne nie, ni amis ni adversaires, le fait de la persécution religieuse.

Mais, si on veut parler de *notre* part de responsabilité, à nous catholiques, dans la production des événements actuels, la désunion remplacera l'union : nous ne voudrons pas reconnaître nos torts ou nous nous accuserons les uns les autres, sans qu'aucun ait le courage de faire son propre *mea culpa*.

Même si (ce qui me semble cependant plus facile) nous essayons d'établir les responsabilités dans les grands événements passés, l'union dans le jugement sera tout aussi malaisée à obtenir.

Ainsi, nous haussons, tous, les épaules, et avec raison, quand nous entendons dire que la France date vraiment et uniquement de la Révolution de 1789 et que la France de la monarchie n'existe pas. C'est absurde.

Mais n'y en a-t-il pas beaucoup parmi nous, qui (par un raisonnement identique au fond, quoique opposé dans sa conclusion), soutiennent que tout le mal dont nous pâtissons vient de cette même Révolution, — comme si cette Révolution était une date unique, extraordinaire, où la boîte de Pandore s'est ouverte, et a, pour la première fois, répandu sur le monde tous les biens et tous les maux.

Si on veut établir les responsabilités en histoire, il faut s'abstraire de tous les partis pris et oser proclamer que les *responsables d'un événement historique ne sont pas ceux qui en sont les acteurs.*

Les conventionnels de 93 sont responsables de la réaction impériale et ce sont les hommes de 89 qui sont responsables des massacres de 93. Mais ces mêmes hommes de 89 ne sont pas responsables de la Révolution française, qui est l'œuvre des encyclopédistes, et la conséquence logique et naturelle de l'impiété et de l'immoralité du xviiie siècle.

C'est le règne de Louis XV qui a fait la Révolution.

Tant il est vrai, comme l'a dit Tocqueville, que les révolutions sociales n'innovent pas ; elles concluent par une solution violente.

Et on pourrait ainsi remonter toute l'histoire.

Emile Faguet ne vient-il pas de montrer que « la Révolution française a été préparée par les prédicateurs du xviie siècle » parce que « La Bruyère, disciple des Sermonnaires du xviie siècle, peut passer pour le premier des encyclopédistes » et que par suite « les Sermonnaires du xviie siècle se trouvent rattachés aux encyclopédistes, que peut-être ils auraient peu aimés, par un chaînon étincelant, qui fait grand honneur aux uns et aux autres... »

Je ne peux pas insister sur cette idée, que je tenais à vous indiquer et dont vous comprenez la haute portée et l'importance.

Ce terrain des récriminations et de la recherche des responsabilités n'est donc pas mieux choisi que celui des lamentations pour servir de base à une union utile des catholiques.

3. — L'indifférence et la négation des problèmes sociaux.

Il ne faudrait pas que, découragés par l'inanité de leurs lamentations et de leurs récriminations, les catholiques s'unissent sur le terrain, plus déplorable encore, de *l'indifférence,* de la *négation* des questions et des problèmes sociaux.

C'est là un terrain trop facile, que l'on pourrait appeler le terrain des autruches : pour ne pas se donner la peine de chercher laborieusement une solution au problème social, on met la tête sous l'aile et on nie le danger que l'on ne voit plus.

C'est un système puéril avec lequel les catholiques marcheraient aux abîmes avec une rapidité encore plus vertigineuse.

Il y a une question sociale. C'est indiscutable. Dans les rapports entre le capital et le travail, il y a, dans l'organisation sociale actuelle, des difficultés inévitables, qui écraseront et anéantiront les classes dirigeantes, si elles n'essaient pas d'améliorer la situation des manouvriers. Si on ne veut pas que la lutte des classes devienne une bataille générale, une guerre universelle, dans laquelle tous les hommes s'entre-détruiront, il faut reconnaître les injustices de notre organisation sociale ; il faut que tous, patrons et ouvriers, capitalistes et travailleurs, collaborent pour réduire à son minimum le mal et l'inégalité que Dieu permet dans la société.

Il faut se garder de dire que la force sociale, la police, la gendarmerie et l'armée suffiront à supprimer la question sociale.

La force est souvent nécessaire; mais elle ne résout rien définitivement.

A l'assassinat des otages de la Commune, le mur des fédérés ne peut être qu'une réponse provisoire, comme l'exécution de Robespierre n'a pas été la réponse définitive et logique aux exécutions d'avant le 9 thermidor.

Le dédain ironique des malheurs du peuple n'est pas une meilleure solution de la crise sociale ; et au prolétaire qui a faim il ne suffit pas de proposer, dans une pirouette, l'exemple du curé de Mme de Sévigné, qui se résignait à manger tous les jours de la merluche avec l'espoir de goûter du saumon au ciel.

L'ignorance volontaire ou le mépris affecté des difficultés de l'heure présente pourrait donc constituer un terrain facile d'union, mais ce serait un terrain déplorable pour une union de catholiques, parce que cette union ne supprimerait pas la question sociale et la remplacerait plutôt par une série de batailles dans lesquelles tout le monde serait vaincu.

En résumé, ce qui condamne les trois terrains dont je viens de parler, le terrain des lamentations, le terrain des récriminations et le terrain de l'ignorance volontaire, ce qui doit empêcher les catholiques de choisir ces terrains pour édifier une union sérieuse et féconde, c'est qu'une union édifiée sur l'un quelconque de ces terrains ne peut conduire qu'à l'*inaction* (inutilement coupée par quelques convulsions violentes).

C'est donc là la conclusion de cette première partie de mon exposé : les catholiques ne doivent faire d'*union* qu'en vue de l'*action*. Donc, il faut, pour édifier cette union, trouver et choisir un terrain sur lequel on puisse et doive *agir*.

4. — Le terrain politique.

En tête des terrains sur lesquels on peut agir et sur lesquels par suite on pourrait tenter de s'unir, est le *terrain politique*. Les catholiques doivent-ils baser sur la politique cette union active, nécessaire pour étudier et résoudre les questions sociales ?

Je n'ai pas cru pouvoir me dérober à cette question difficile.

J'espère n'offusquer personne en répondant par la

négative à cette question et en disant en toute simplicité : il y a peut-être eu un moment où on eût pu fonder utilement un grand parti politique catholique ; les circonstances ne l'ont pas permis. *Aujourd'hui il est trop tard.*

Je vais essayer d'expliquer ma pensée pour éviter les protestations.

Je pose, comme premier principe, que le catholique ne peut pas et ne doit pas se désintéresser de la politique. Il doit user de tous ses droits politiques : il doit voter, écrire et parler. Il a donc le droit et le devoir d'avoir une opinion politique ; il doit essayer de la défendre et de la faire prévaloir par les meilleurs moyens mis à sa disposition par la loi. Les catholiques doivent même s'efforcer d'envahir, quand c'est possible, les corps élus, les assemblées politiques. Plus il y aura de catholiques vrais (j'entends non des catholiques baptisés et rénégats, mais des catholiques convaincus et fidèles) dans les Conseils publics, mieux les affaires de la France marcheront.

Second principe aussi important et indiscutable que le premier : quand il fait de la politique, le catholique doit toujours se rappeler qu'il est catholique. Le signe du chrétien lui crée une nature spéciale avec laquelle il agit dans toutes les circonstances de sa vie. C'est comme un tempérament avec lequel un sujet vit, en santé et dans la maladie, et dont il ne peut jamais supprimer ou dissimuler l'empreinte.

Le catholique ne peut rien faire, en politique, qui soit en contradiction avec sa foi, plus haute, de catholique.

Donc, le catholique doit faire de la politique et il doit la faire en catholique. Cela ne veut pas dire que les catholiques doivent fonder un parti politique catholique.

Je sais bien que, dans d'autres pays, on a créé un parti politique catholique et parfois cette création a été fort heureuse, notamment en Allemagne.

En France, dans l'état actuel des choses et des esprits, je ne crois pas qu'il en soit de même. Voici pourquoi :

Au point de vue politique, il y a, entre les catholiques de France trop de points sur lesquels ils ne sont pas absolument d'accord, pour qu'on soit tenté d'édifier, sur ce terrain mouvant et crevassé, une union des catholiques actifs.

L'unité de notre doctrine catholique, l'autorité incontestée du Pape et de la hiérarchie sont une base trop précieuse pour les unions catholiques. N'allons pas chercher à les disjoindre et à les morceler en soulevant dans leur sein des questions irritantes, sur lesquelles, notez-le bien, chaque catholique a le droit de garder sa liberté d'opinion : *In dubiis libertas.*

Certes, il y a bien des lois sur lesquelles tous les catholiques voteront avec une unanimité indiscutable : telles la loi sur le divorce, la loi d'expulsion des congrégations, la loi de dépouillement de nos églises... Mais il y en a d'autres sur lesquelles deux catholiques peuvent ne pas avoir la même opinion, sans cesser d'être, l'un et l'autre, de bons catholiques, orthodoxes et soumis à l'Eglise : telles la loi de l'impôt sur le revenu, la loi électorale, la loi sur les grèves, sur l'assistance aux vieillards ou sur les accidents du travail, voire même les lois constitutionnelles...

De plus, la bataille électorale peut être influencée par des circonstances locales, des considérations de personnes ; il peut y avoir lieu à des compromissions, des alliances, des actes d'opportunisme dans un but de moindre mal... toutes choses qui ne sont pas défendues à un électeur catholique agissant individuellement, que ne pourrait pas se permettre un parti politique catholique c'est-à-dire un parti dont les décisions et les actes engageraient et pourraient compromettre l'Eglise elle-même.

D'un mot, un parti catholique ne pourrait, par *définition*, marcher que sous la direction incessante et absolue du Pape et des Evêques. Or, tout le monde voit les dangers de toutes sortes que susciterait l'intervention active, directe et continuelle de nos Evêques dans nos batailles politiques de tous les jours. Laissons-les au-dessus de ces mesquineries.

Quand nous avons des décisions politiques graves à prendre, consultons nos évêques, suivons leurs avis ; mais agissons ensuite de manière à n'engager que notre propre responsabilité, à ne compromettre que nous-mêmes, à garder tous les horions pour nous : nous ne nous en porterons pas plus mal, tandis qu'eux pourraient en pâtir et l'Eglise avec eux.

Si on veut former un grand parti politique auquel les catholiques pourront donner leur adhésion, qu'on fonde un bloc des partis respectueux et défenseurs de la religion, de l'ordre, de l'autorité, de la hiérarchie sociale et de la patrie, bloc qu'on dressera, fort et victorieux, contre le bloc des partis anarchiques, antisociaux, antireligieux, antipatriotiques.

Qu'on fonde en un mot le parti de la France, qui repousse de toutes ses forces la ridicule et orgueilleuse devise : « Ni Dieu ni maître. » Et nous nous inscrirons tous.

Voilà le sens dans lequel j'ai dit qu'il ne fallait pas fonder un parti politique catholique. Voilà pourquoi je ne crois pas que l'union sociale et ouvrière des catholiques doive se faire sur le terrain politique.

Sur quoi la fonderons-nous donc ?

5. — Le terrain scientifique.

Avant de vous dire, pour conclure, le seul terrain solide sur lequel les catholiques peuvent et doivent édifier une union sérieuse et organiser une action féconde, je dois vous parler encore d'un autre terrain d'entente et d'action très à la mode aujourd'hui et que je crois cependant détestable en l'espèce, c'est le *terrain scientifique* sur lequel je suis obligé de m'arrêter un peu à cause de l'importance extrême que tout le monde reconnaît à cette question.

La sociologie (car c'est bien pour faire de la sociologie pratique que vous voulez vous unir), la sociologie peut-elle être basée uniquement sur la science ? La science nous fournit-elle le terrain définitif pour édifier les unions d'action sociale ?

A première vue la science apparaît comme terrain de choix.

Positive dans ses méthodes, elle impose ses résultats et ses conclusions à tous, sans qu'on puisse les contester ou les discuter. C'est donc le terrain qui nous divise le moins ou, pour mieux dire, sur lequel il n'y a pas de division possible. Si donc la science *peut* nous servir de base et de règle pour résoudre les problèmes sociaux, c'est elle qu'il faut choisir comme terrain d'union et d'action.

Toute la question est de savoir si elle peut réellement nous fournir cette base d'union et d'action sociales. Pour ma part, je ne le crois pas et j'ai essayé de le démontrer plus longuement à la *Semaine Sociale* de Bordeaux.

Certes, on comprend l'éblouissement qu'ont produit

sur le monde les magnifiques et incessants progrès de
la science.

La semaine dernière encore, nous avons vu, avec
une émotion presque angoissante, cent ans après le
premier bateau à vapeur, l'homme affirmer glorieusement la conquête scientifique de l'air et se créer en
quelque sorte une fonction aérienne, couronnant ainsi
magnifiquement, par les ballons dirigeables et les
aéroplanes, le siècle du télégraphe, du chemin de fer,
des sous-marins, de la photographie, du téléphone, du
télégraphe sans fil, des découvertes de Claude Bernard
et de Pasteur, probablement aussi de la découverte du
pôle Nord...

En présence de pareils spectacles, on pense tout
naturellement que rien n'est inaccessible à cette science
conquérante, qui avance toujours sans jamais reculer,
qui n'a par conséquent pas de limites...

Peut-être, comme dit Remy de Gourmont, l'homme
actuel n'est-il pas plus intelligent que celui de nos
ancêtres qui a découvert, conservé et transmis le feu.
Mais, comme les acquisitions de cette intelligence
humaine s'accumulent et s'ajoutent, chaque génération
part d'un point plus avancé et recule encore, par son
œuvre propre, les frontières de l'inconnu.

Pourquoi donc la sociologie elle-même ne serait-elle
pas envahie, illuminée et transformée par cette science ?
Pourquoi ne pas baser sur cette science l'union d'action
que nous rêvons pour améliorer l'organisation sociale ?

En basant notre union sociologique sur la science,
nous ne ferions que suivre un exemple très générale-
ment donné aujourd'hui. Car, de toutes parts, on s'efforce de tout subordonner à la science, qu'on a si
justement appelée « la grande déesse de nos autels »

contemporains. Nous vivons vraiment l'âge du *scienti-fisme.*

De même que la morale devient uniquement la science des mœurs, de même la sociologie deviendrait alors la science des sociétés humaines, c'est-à-dire un chapitre de la science de l'homme vivant en société, un chapitre de la *biologie humaine.*

Voyons donc les bases et les principes que la *biologie* ou science de la vie peut donner et donnera à la sociologie.

Pour le biologiste, l'homme est un animal vivant en société et très supérieur aux autres au point de vue psychique.

La *biologie,* en se précisant et se complétant tous les jours, indique, avec une netteté croissante, les lois à suivre pour donner à l'homme le maximum de vie et de bien-être et à l'espèce humaine le maximum de force et de vitalité. Une sociologie scientifique s'appuie sur ces lois, les développe et les impose aux citoyens.

Vous voyez immédiatement le premier et capital défaut d'une sociologie basée sur ces principes : elle manque absolument de moyens pour faire respecter et appliquer ses lois ; ou plutôt elle n'a pour cela, à sa disposition, qu'un moyen, c'est la loi civile et le gendarme.

. La science ignore absolument la notion de devoir et d'obligation morale. Elle peut vous dire simplement : en faisant bouillir votre eau, vous éviterez la fièvre typhoïde ; en vous faisant vacciner, vous éviterez la variole. Elle peut faire édicter des lois, qui rendront la vaccination obligatoire ou empêcheront de boire l'eau des puits contaminés.

Mais il lui est absolument impossible de dire aux

citoyens qu'ils *doivent* l'assistance aux vieillards et aux infirmes, qu'ils doivent surveiller et élever les enfants malingres, chétifs ou dégénérés.

Bien plus, non seulement la science ne peut pas imposer les devoirs élémentaires de toute société bien organisée ; mais elle doit donner des conseils inverses : elle ne peut donner comme objectifs à l'homme que son intérêt et l'intérêt de son espèce. Or, de cette notion, il est impossible de faire sortir l'idée d'assistance aux faibles, aux malades, aux vieillards, aux inutiles.

Tout, dans la société uniquement basée sur les données scientifiques, tout doit converger autour du producteur, du bon semeur. Le surhomme à soigner et à développer, c'est l'athlète utile à la conservation et à la multiplication d'une forte et belle race.

Quant aux enfants malingres et aux vieillards devenus improductifs, ce sont des charges, dont il faut débarrasser la société, des bouches inutiles qu'il faut jeter à l'Eurotas et supprimer.

Si maintenant, parmi les surhommes producteurs que l'on conserve et que l'on soigne, les intérêts sont contradictoires (et ils le seront certainement), c'est la bataille, l'enlèvement des Sabines, la guerre comme au temps des cavernes, la lutte des fauves pour la possession des femelles les plus fécondes et la conquête des pays les plus fertiles pour la production et l'entretien des étalons les plus vigoureux.

Si donc vous étiez tentés de baser sur la science votre union sociale, vous arriveriez à un résultat absolument opposé à celui que vous poursuivez ; vous proclameriez le droit du plus fort ; loin d'éteindre les luttes de classes, vous déclareriez l'état de guerre sur toute la terre et, comme les guerres fratricides conduisent toujours à la défaite et à la disparition des deux partis, en voulant organiser la société vous la détruiriez et, en voulant guérir l'humanité de sa maladie actuelle, vous hâteriez sa mort en la ramenant aux mœurs des premières époques de son existence et en supprimant tous les progrès réalisés et lentement accumulés depuis la création.

Et ainsi la science, appliquée seule à l'organisation de la société, amènerait cette société à supprimer cette science elle-même et amènerait l'homme à ne plus obéir, dans la vie, qu'aux plus bas instincts de son animalité.

Ne vous apparaît-il pas nettement que, malgré les apparences qui en imposent à un grand nombre, la science ne peut pas vous fournir un bon et utile terrain pour l'édification d'une union d'action sociale ?

6. — Le terrain de la morale naturelle.

A toutes les discussions et réfutations qui précèdent, il est temps d'opposer enfin une affirmation réconfortante et de dire le vrai et le seul terrain sur lequel on puisse et on doive édifier cette union d'action sociale que nous rêvons.

Si la science ne peut pas donner cette base cherchée, c'est parce que la science ne peut pas donner la *morale* et *qu'il n'y a pas de sociologie sans morale.*

Je veux dire qu'il n'y a pas de sociologie possible sans les idées de devoir et d'obligation morale que nous avons vu la science incapable de donner.

Tout le mal qui ronge la société actuelle vient de ce que tous les meneurs répètent à chacun ses *droits ;* on lui en ressasse la légitimité et l'étendue et on ne lui parle pas assez de ses *devoirs*, devoirs réciproques, que tous les citoyens ont les uns vis-à-vis des autres.

Si les capitalistes et les patrons, mieux instruits et mieux inspirés, connaissaient et remplissaient mieux leurs devoirs envers les travailleurs et les ouvriers, bien des conflits et des grèves seraient évités.

Et si les travailleurs et les ouvriers, mieux conseillés et mieux dirigés, connaissaient et remplissaient mieux leurs devoirs envers les patrons, les conflits et les grèves prendraient bien plus vite fin et on éviterait bien des désastres.

Si patrons et ouvriers sentaient que les devoirs mutuels sont obligatoires, en eux-mêmes, moralement, qu'il ne suffit pas seulement de se conformer à la loi pour faire tout son devoir, que légalité et justice ne sont pas synonymes et qu'il ne faut pas attendre le gendarme pour éviter de faire du mal à autrui et pour lui faire du bien, la question sociale serait presque entièrement résolue.

Voilà une première base morale qui est indispensable à la fondation de toute sociologie : c'est la morale *naturelle* bien supérieure déjà à la morale *scientifique* dont je parlais tout à l'heure. — La morale scientifique ne donne comme objectif que l'intérêt de l'individu et surtout de l'espèce ; la morale naturelle parle de devoirs obligatoires, qui lient les hommes les uns aux autres.

Cette morale naturelle est donc *nécessaire* pour la fondation d'une union d'action sociale ; elle est nécessaire, mais elle n'est pas *suffisante*.

Pour fonder réellement et utilement cette union, il faut encore autre chose : il faut la *morale de l'Évangile*.

7. — Seule la morale de l'Evangile fournit un terrain solide pour l'union et l'action sociales.

La morale naturelle conduit à ce premier précepte obligatoire : vous ne devez pas faire à autrui ce que vous ne voudriez pas qu'on vous fît ; vous avez le devoir de respecter la liberté, la propriété et les droits d'autrui.

Pour faire de la bonne sociologie, il faut un principe de plus, c'est celui-ci : aimez-vous les uns les autres ; faites à autrui ce que vous voudriez qu'on vous fît; l'assistance et l'aide mutuelles sont des devoirs aussi obligatoires que le respect de la liberté et de la propriété ; on doit se dévouer et se sacrifier pour son prochain.

Tous ces préceptes, dont la promulgation et l'application sont indispensables pour la fondation d'une bonne union d'action sociale, tous ces préceptes ne se trouvent pas dans la morale scientifique, pas même dans la morale naturelle ; on ne les trouve que dans l'Evangile.

Je dis qu'il n'y a pas de sociologie bonne ou seulement possible sans ces préceptes.

Dieu a créé les hommes *inégaux,* en intelligence, en force *physique,* en santé, en aptitudes, en tout; il a voulu, de plus, que la vie soit une *bataille,* bataille contre tout ce qui nous entoure et nous pénètre : l'homme ne cesse de lutter que quand il meurt. Dieu a donc voulu qu'il y ait des vaincus de la vie, que certains soient moins favorisés que d'autres. En d'autres termes, Dieu a permis que le règne de la justice n'arrive complet et inattaquable pour l'homme qu'après la mort.

Dans ces conditions, pour qu'une société soit bien organisée, il faut que chacun s'efforce de corriger ces inégalités de la naissance, de relever les vaincus et les blessés, de faire régner, déjà sur cette terre, la plus grande somme possible de justice.

Pour cela, il ne suffit pas que l'homme applique seulement les préceptes de la morale naturelle ; il faut qu'il connaisse et remplisse les devoirs d'amour du prochain, de dévouement et de sacrifice, que, seul, l'Evangile formule.

Suivant la morale naturelle, le capitaliste et le patron font tout leur devoir en ne volant pas, en ne fraudant personne, en donnant à l'ouvrier le salaire convenu, sans s'occuper de savoir si ce salaire est proportionné aux bénéfices qu'il réalise lui-même, si ce salaire suffit pour faire vivre le travailleur et lui permettre de fonder et d'élever une famille...

Et alors, dans ce monde ouvrier qu'on traite uniquement suivant la morale naturelle, les colères naissent, grandissent, grondent ; et, si le travailleur n'a lui-même, pour se guider et se diriger, que les préceptes de la morale scientifique ou de la morale naturelle, il s'insurge violemment contre cette injustice que rien n'atténue et il demande, le fusil ou la torche à la main, la part de vie à laquelle il pense avoir droit.

Comme il n'y a pas d'amour, qu'il y a seulement un contrat révocable, entre patron et ouvrier, — comme il n'y a aucun esprit de dévouement mutuel et de sacrifice, comme il n'y a que des conflits d'intérêt, la discussion et la querelle deviennent âpres, la bataille est cruelle, les violences et les désastres s'accumulent — et la solution définitive et pratique de la question sociale s'éloigne de plus en plus, hors de nos horizons.

Les choses se passeraient tout autrement, si patrons et ouvriers étaient pénétrés de l'esprit de l'Evangile et l'appliquaient.

Car l'Evangile ne dit pas seulement que nous ne devons pas faire de mal à notre prochain ; il dit que nous devons l'aimer comme nous-mêmes et lui faire du bien.

Si le mauvais riche est enseveli dans l'enfer, ce n'est pas qu'il ait rien volé à son prochain ; il n'a fait aucun mal aux yeux de la loi civile, ni même aux yeux de la morale naturelle : il a refusé de faire l'aumône aux pauvres ; ayant reçu les biens durant sa vie, il a oublié ses devoirs vis-à-vis de Lazare qui n'a eu que les maux.

Et ce bien, il faut le faire à nos ennemis, à ceux qui nous haïssent. Si vous n'aimez que ceux qui vous aiment, quel mérite avez-vous ? Car les pécheurs aiment aussi ceux qui les aiment. Et, si vous faites du bien à ceux qui vous en font, quel mérite avez-vous ? Car les pécheurs font de même...

Voilà la doctrine sociale de l'Evangile. Sans ces préceptes, il n'y a pas de sociologie possible. Voilà donc bien le seul terrain sur lequel puisse être édifiée une union féconde d'action sociale.

8. — Conclusions.

J'ai terminé ma démonstration, qu'il était inutile de faire aussi longue devant un auditoire comme celui-ci ; je n'ai plus qu'à conclure.

Le mal capital qui ronge notre organisme social, c'est *l'individualisme,* l'individualisme de J.-J. Rousseau, que le snobisme contemporain applaudit dans Nietzsche et dans Ibsen ; *l'individualisme,* qui, dans les classes dirigeantes, aboutit au dilettante, au surhomme égotiste, qui ne veut pas voir et comprendre ce qu'il y a de juste dans les revendications du prolétariat ; *l'individua-*

lisme, qui, dans les classes ouvrières, aboutit au socialisme communiste, anarchique ou étatiste, en tous cas au règne de la force tyrannique et au despotisme des majorités.

Cet individualisme qui tue la nation, comme a dit Paul Adam, n'exclut pas la tendance aux unions et aux associations, dont je parlais en commençant. Seulement les individus s'associent uniquement alors pour sauvegarder leurs intérêts, pour défendre leurs droits, pour donner, par le nombre, plus de force à leurs revendications individuelles. Les unions organisées sur ces principes ne peuvent que donner des conseils de violences et organiser la guerre sociale.

Pour qu'une union soit vraiment féconde en bons résultats sociaux, il faut qu'elle puise ses principes et son objectif hors de l'intérêt des individus qui la composent. Une union d'action sociale doit avoir pour but, non la défense des *droits* des individus, mais le plus facile accomplissement des *devoirs* que les individus ont, tous, les uns vis-à-vis des autres.

Ainsi comprise, l'union ne peut être fondée que sur le terrain de l'Evangile, parce que, dans l'Evangile seul, est cette admirable doctrine de l'amour du prochain (altruisme d'aujourd'hui), du désintéressement et du sacrifice, de cette solidarité sociale, que l'Eglise appelle charité, c'est-à-dire dévouement avec amour.

Cette union doit naturellement comprendre tout le monde, toutes les classes de la société. Chacun y donne ce qu'il peut et ce qu'il a : son argent, son intelligence, son activité, son temps, son travail, son dévouement à la cause commune.

Ainsi l'Evangile répare l'injustice de la nature (qui nous a faits inégaux) en nous proclamant égaux en devoirs et en garantissant à tous la justice divine.

Dans cette grande et universelle union d'action sociale, chacun a son rôle, défini par la Providence, rôle qui n'est amoindri que si on cherche à en sortir.

L'homme apporte la force des *bras*.

Vous, Mesdames, avec votre grâce, vous apportez la force du *cœur*. Ainsi considéré, votre rôle est immense dans les œuvres ouvrières. Continuez-nous toujours votre indispensable collaboration. Sans vous, l'homme ne peut rien réussir.

Ainsi composée de toutes les bonnes volontés, l'union d'action sociale rendra de magnifiques services à la société ; mais à une condition encore, c'est que nous nous rappelions, Mesdames et Messieurs, que nous, laïques de tout âge, de tout rang et de tout sexe, nous ne pouvons être dans une association de ce genre, que les bras et le cœur et qu'il nous faut une *tête*.

Où trouverons-nous cette tête, nécessaire pour faire et maintenir l'unité doctrinale, pour hiérarchiser et maintenir dans le droit chemin toutes nos bonnes volontés?

Pour avoir cette tête, c'est vers vous, Messeigneurs, que nous nous retournons nécessairement, puisqu'il s'agit de préciser le terrain de l'Evangile, vers vous, qui détenez et représentez la doctrine et la loi.

Devant vous qui personnifiez la *Foi*, nous ne voulons être tous que des charbonniers; nous ne revendiquons pour nous que l'exercice de la *Charité*, réunis à vous par l'*Espérance* commune dans la vie éternelle.

C'est vous qui êtes notre tête. Vous seuls pouvez maintenir parmi nous l'unité indispensable et supprimer les petites rivalités qu'avec d'excellentes intentions les œuvres particulières pourraient présenter ; vous classerez, vous hiérarchiserez, vous coordonnerez nos efforts.

Pour que nous réussissions, vous n'aurez qu'à nous continuer vos bénédictions.

De notre côté, en nous inclinant devant vous, Messeigneurs, nous portons notre pensée, unanimement respectueuse et filialement soumise, vers le Souverain Pontife que vous représentez au milieu de nous et avec qui vous êtes pour nous l'Eglise catholique;

Vers le glorieux Pape Pie X, qui, comme son immortel prédécesseur, aime les ouvriers et veut que l'on s'occupe d'eux;

Vers le Pape qui aime la France et qui a voulu, en embrassant le drapeau tricolore à Saint-Pierre le jour de la béatification de Jeanne d'Arc, montrer l'intensité et la constance de son amour pour la France d'hier, la France d'aujourd'hui, la France de toujours !

TABLE DES MATIÈRES

2162-09. — Imprimerie des Orphelins-Apprentis, F. Blétit,
40, rue La Fontaine, Paris-Auteuil.

La Pensée Chrétienne

TEXTES ET ÉTUDES

BARUZI (Jean). — **Leibniz**, avec de nombreux textes inédits.
1 vol.. **5 fr.**

BREMOND (Henri). — **Newman**, *Le Développement du Dogme
chrétien*. 5ᵉ édit. refondue et augmentée, avec Préface de
Sa Grandeur Mgr MIGNOT, Archevêque d'Albi. 1 vol. **3 fr.** :
franco .... **3 fr. 50**

Du même auteur. — **Newman**, *La Psychologie de la Foi*.
5ᵉ édition. 1 vol. **3 fr. 50** ; *franco*.................. **4 fr.**

Du même auteur. — **Newman**, *La Vie chrétienne*. 6ᵉ édit.
1 vol. **3 fr. 50** ; *franco*.......................... **4 fr.**

Ces 3 ouvrages ont été couronnés par l'Académie française (1906).

Du même auteur.—**Gerbet**. 2ᵉ édit. 1 vol. **3 fr. 50** ; *franco*, **4 fr.**

BRUNETIÈRE (Ferdinand), de l'Académie française, et DE
LABRIOLLE (P.), prof. à l'Univ. de Fribourg (Suisse). — **Saint
Vincent de Lérins.** 2ᵉ édit. 1 vol. **3 fr.** ; *franco*, **3 fr. 50.**

CAVALLERA (F.), Docteur ès lettres. — **Saint Athanase.**
1 vol. **3 fr. 50** ; *franco*...................... **4 fr.**

DIEULAFOY (Marcel), de l'Institut. — **Le Théâtre édifiant
en Espagne (Cervantès, Tirso de Molina, Calderon).**
1 vol. **3 fr. 50** ; *franco* .... **4 fr.**

DUFOURCQ (Albert), prof. à l'Univ. de Bordeaux, docteur ès
lettres. — **Saint Irénée.** 3ᵉ édit. 1 vol. **3 fr. 50** ; *franco*, **4 fr.**

ERMONI (V.) — **Saint Jean Damascène.** 2ᵉ édit. 1 vol. **3 fr.** ;
franco .... **3 fr. 50**

GOYAU (Georges). — **Moehler.** 3ᵉ édition. 1 vol. **3 fr. 50** ;
franco.. **4 fr.**

Du même auteur.— **Ketteler.** 2ᵉ éd. 1 vol. **3 fr. 50** ; *franco*, **4 fr.**

MICHELET (G.), professeur à l'Institut catholique de Toulouse.
— **Maine de Biran.** 2ᵉ édition. 1 vol. **3 fr.** ; *franco*, **3 fr. 50**

PRAT (F.), secrétaire de la Commission biblique. — **Origène,**
2ᵉ édition. 1 vol. **3 fr. 50** ; *franco*.................. **4 fr.**

RIVIÈRE (Jean), docteur en théologie, professeur à l'Ecole de
Théologie d'Albi. — **Saint Justin et les Apologistes du
second siècle,** introduction par Pierre BATIFFOL, recteur de
l'Inst. cath. de Toulouse. 2ᵉ édit. 1 vol., **3 fr. 50** ; *franco*, **4 fr.**

STROWSKI (Fortunat), professeur à l'Université de Bordeaux.
— **Saint François de Sales.** 1 vol. **3 fr. 50** : *franco*, **4 fr.**

TURMEL (J.) — **Saint Jérôme.** 2ᵉ édition. 1 vol. **3 fr. 50** ;
franco.. **4 fr.**

Du même auteur. — **Tertullien.** 3ᵉ édit. 1 vol. **3 fr. 50** ;
franco.. **4 fr.**

VACANDARD (E.). — **Saint Bernard.** 2ᵉ édit. 1 vol. **3 fr.** ;
franco .... **3 fr. 50**

LABRIOLLE (P. de), professeur de littérature latine à l'Université
de Fribourg (Suisse). — **Saint Ambroise.** 1 vol. **3 fr. 50**

LA MAYNARDIÈRE (H.). — **Poètes chrétiens du XVIᵉ siècle.**
Textes choisis, publiés, avec des Notices. 1 vol...... **4 fr.**

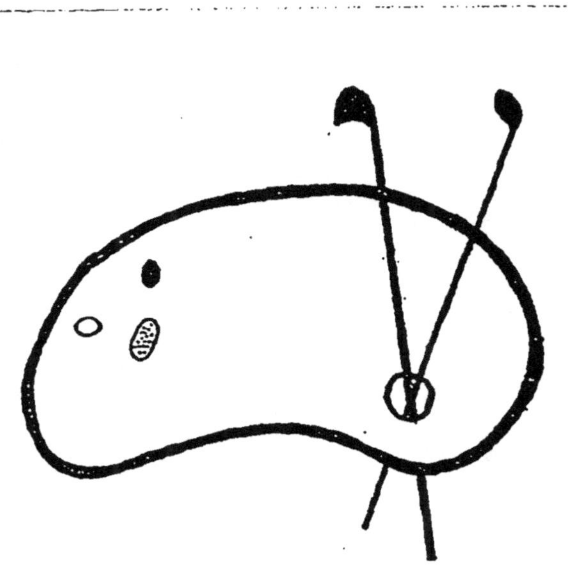

ORIGINAL EN COULEUR

NF Z 43-120-8

9 782013 559881